LA
ZOOLOGIE

A LA PORTÉE DE L'ENFANCE

POUR

SERVIR AU JEU

DE

LOTO ZOOLOGIQUE

WATILLIAUX, ÉDITEUR

PARIS

LA
ZOOLOGIE

A LA PORTÉE DE L'ENFANCE

POUR

SERVIR AU JEU

DE

LOTO ZOOLOGIQUE

WATILLIAUX, ÉDITEUR

PARIS

TABLE

LA
ZOOLOGIE

A LA PORTÉE DE L'ENFANCE

Le nombre des animaux qui vivent sur la terre est si considérable qu'il a fallu pour s'y reconnaître établir une *classification*, c'est-à-dire les diviser en groupes formés d'après certains caractères. Ainsi, on a remarqué qu'un grand nombre d'animaux avaient un *squelette*, c'est-à-dire des os, tandis que d'autres n'avaient pas d'os et étaient complètement mous. On a appelé les premiers des *vertébrés*, parce qu'ils ont tous des vertèbres, et les seconds des *mollusques*. Puis parmi ceux qui restaient, on a distingué ceux qui sont munis d'articulations *(les articulés)* de ceux qui n'en ont pas; ces derniers sont tout-à-fait au bas de l'échelle animale; ils ressemblent autant à des pierres ou à des plantes qu'à des bêtes, et comme ils affectent généralement la forme d'une étoile, on les a appelés les *rayonnés*.

Ces quatre grandes divisions sont les plus générales et comprennent toutes les autres. On les appelle des *embranchements*, et chaque embranchement se subdivise à son tour en d'autres groupes que l'on appelle des *classes*.

Ainsi les vertébrés se divisent en quatre classes : les mammifères, les oiseaux, les reptiles et les poissons ; et chacun des autres embranchements se subdivise de même en classes qui sont moins connues et que pour cette raison nous ne citerons pas.

La classe à son tour forme des *ordres*. Les mammifères se composent de neuf ordres, dont le premier, celui des *bimanes*, est occupé par l'homme tout seul. Viennent ensuite les *quadrumanes* (singes), les *carnassiers* (lion, chat), les *marsupiaux* (kangourou), les *rongeurs* (rat, lièvre), les *édentés* (pangolin), les *pachydermes* (éléphant), les *ruminants* (bœuf), et les *cétacés* (baleine).

Les oiseaux se divisent de même en six ordres : les *rapaces*, les *passereaux*, les *grimpeurs*, les *gallinacés*, les *échassiers* et les *palmipèdes*.

Chaque ordre se compose de *genres*. Dans l'ordre des carnassiers, par exemple, on trouve le genre chien, le genre chat, le genre tigre, etc.; et chaque genre est formé d'un nombre variable d'espèces : ainsi, vous voyez tous les jours une foule de chiens différents, formant des espèces qui toutes appartiennent au genre chien.

Par ce système de classification, on est arrivé à partager le monde animal en un certain nombre de cases et à y retrouver facilement le logement de chaque espèce. Ainsi quand vous verrez un canard de Barbarie, vous remonterez des petites divisions aux grandes, et vous direz : *espèce* de Barbarie, *genre* canard, *ordre* des palmipèdes, *classe* des oiseaux, *embranchement* des vertébrés; — et ainsi pour tout autre animal.

Nous allons maintenant, mes enfants, vous donner quelques détails sur les quatre-vingt-seize genres qui composent le *Loto zoologique*, et dont vous connaissez déjà une grande partie.

1. — L'Orang-Outang. — Ce n'est qu'un singe, mais c'est le plus grand des singes; il est de la taille de l'homme, et présente avec lui quelque ressemblance. Il habite les forêts de la Malaisie, se nourrit de fruits et passe la plus grande partie de sa vie sur les arbres, Il est ordinairement inoffensif, mais lorsqu'il est blessé, sa grande taille et sa force en font un ennemi redoutable. Quelquefois on le prend vivant, et on peut en voir quelques spécimens dans les jardins zoologiques, mais il est rare qu'il supporte longtemps la captivité.

2. — La Chauve-Souris. — Vous avez vu souvent en été, à la tombée de la nuit, voler au-dessus des ponts ou sur les places des oiseaux bizarres, dont le vol ressemble à celui d'un papillon nocturne. Ce que vous prenez pour un oiseau, est un petit mammifère ; vu de près, c'est tout ce qu'il y a de plus laid et de plus extraordinaire. Une tête de souris, avec de grandes oreilles et des dents aiguës, un corps velu, une courte queue, et entre les doigts démesurément allongés une membrane grise et nue qui sert d'aile et permet à cet étrange animal de se soutenir dans les airs, tel est le portrait de la chauve-souris. Sa laideur et ses mœurs nocturnes en font un objet d'effroi ; mais au fond, c'est un animal fort innocent, qui nous est utile parce qu'il se nourrit d'insectes, et que nous devons protéger d'autant plus qu'il est souvent victime de l'ignorance et des préjugés populaires.

3. — La Taupe. — Encore un animal très commun, mais que l'on rencontre rarement, car il vit sous terre. La taupe est parfaitement organisée pour son genre d'existence ; son corps trapu, ses pattes courtes et robustes, sa fourrure douce et fine lui permettent de se glisser rapidement dans les galeries souterraines où elle s'enfuit au moindre bruit. C'est un animal carnassier, vivant de vers, d'insectes, de larves ; malgré son apparence pacifique, il a des mœurs farouches, et les taupes se livrent entre elles de furieux combats qui finissent souvent par la mort d'un des adversaires. Détestées des jardiniers dont elles labourent les plates-bandes, elles sont poursuivies sans pitié ; mais leur agilité et la finesse excessive de leur ouïe leur permet le plus souvent de s'échapper, et ce n'est que par les pièges les plus ingénieux, que l'on parvient à les détruire.

4. — L'Ours. — Vous avez été souvent au Jardin des Plantes, chers enfants ; vous avez tous vu ce gros et vilain animal, tantôt juché sur son arbre, tantôt nonchalamment étendu sur le pavé, d'où il se lève lentement pour venir prendre le pain que vous lui jetez. Celui-là paraît d'un caractère bien paisible, mais si vous le rencontriez en liberté dans les forêts de la Suède où il se trouve encore en grand nombre, vous verriez que c'est un redoutable adversaire, et que la chasse à l'ours est une des plus dangereuses que l'on connaisse.

5. — **Le Chien**. — « Ce qu'il y a de mieux dans l'homme, c'est le chien, » disait autrefois TOUSSENEL. Sans prendre cette boutade à la lettre, il faut cependant avouer que nous avons dans le chien un collaborateur actif, un compagnon fidèle et souvent un ami véritable. Il met à notre service la rapidité de sa course, la finesse de son odorat, la sûreté de son instinct ; il garde nos maisons, il nous procure **du gibier**, il nous sauve la vie de temps à **autre**, et avec un peu d'éducation il pousse la complaisance jusqu'à faire la partie de dominos avec son maître. Enfin, mes enfants, vous jouez tous les jours avec lui, et ce n'est pas là son moindre titre à votre reconnaissance.

6. — **Le Lion**. — N'est-ce pas que ce nom seul éveille une idée de terreur ? Voilà

bien le roi des animaux, le vivant symbole de la force et de la destruction, avec ses yeux flamboyants, sa terrible crinière et son rugissement formidable. Pourtant ce grand chasseur est lui-même en train de disparaître devant un autre, qui est l'homme. Autrefois très-commun dans les forêts africaines, le lion devient chaque année plus rare, et bientôt les ménageries ambulantes qui l'offrent à notre curiosité auront peine à se procurer des représentants de cette magnifique espèce.

7. — Le Tigre. — Moins connu en Europe, parce qu'il habite plus loin de nous, le tigre a moins de taille et de vigueur que le lion, mais il a plus de férocité. On le trouve en grand nombre dans les Indes, et malgré les primes offertes pour encourager sa destruction, il y fait chaque année des centaines de victimes.

8. — Le Chat. — Qui reconnaîtrait dans ce souple et gracieux animal, aux allures caressantes, un proche parent du terrible destructeur que vous voyez à côté de lui ? Le chat s'assied à notre foyer et partage notre existence comme le chien, mais il n'a pas les mêmes qualités; il garde au fond de son apparente douceur un peu de la perfidie du tigre, et je vous engage, mes enfants, à vous défier toujours de lui; au moment même où il vous témoigne le plus d'amitié, il peut vous rappeler tout-à-coup qu'il a des griffes.

9. — Le Phoque. — Le phoque est encore un carnassier, puisqu'il se nourrit de poissons; mais c'est un carnassier *amphibie*, c'est-à-dire qui vit indifféremment dans l'eau et sur la terre. Sa forme est singulière; il a une rude et courte fourrure, une tête qui ressemble à celle d'un veau et des nageoires au lieu de membres. Il est très abondant dans les mers du Nord, où on le chasse pour tirer parti de la graisse et de l'huile qu'il fournit, et qui servent de principale nourriture aux peuples des régions polaires. On montre souvent des phoques dans les foires, et cet animal, aux formes primitives, paraît doué d'une certaine intelligence.

10. — Le Kangourou. — Animal de la taille d'un mouton, habitant dans l'Australie, et dont l'allure est des plus singulières. **Au**

lieu de marcher il saute, en s'appuyant sur ses longues pattes de derrière et sur sa queue, qui est courte et robuste. La chair du kangourou est excellente à manger. Cet animal est le représentant d'une famille très curieuse, celle des *Marsupiaux,* qui ont pour caractère de porter leurs petits dans une poche qu'ils ont sous le ventre, et où ils les cachent en cas de danger.

11. — Le Porc - Épic. — Voilà encore un animal des plus extraordinaires ; il est de la taille et de la forme générale d'un petit porc, mais tout son corps est couvert de longs et solides piquants blancs et noirs, qu'il peut hérisser à volonté, et qui le rendent tout-à-fait inattaquable à ses ennemis. On a prétendu même qu'il pouvait lancer ces piquants comme des flèches, mais ce n'est qu'une fable. D'ailleurs, les mœurs du porc-épic ne répondent pas à son apparence effrayante ; c'est un animal inoffensif, vivant de végétaux, et qui n'a jamais songé à attaquer personne.

12. — Le Castor. — Célèbre de tout temps par ses habitudes industrieuses, le castor vit en nombreuses sociétés dans les forêts de l'Amérique. Il s'établit sur les cours d'eau, qu'il sait aménager à sa convenance par des digues et des barrages parfaitement construits, et il maçonne avec beaucoup d'art les petites huttes qui lui tiennent lieu d'habitation, en se servant de sa queue large et épaisse comme d'une truelle. On a comparé ces constructions à de véritables villages. Malheureusement les précieuses qualités de la fourrure du castor le font poursuivre avec tant d'acharnement que cette espèce remarquable tend déjà à disparaître. On en trouve de temps à autre quelques individus sur les bords du Rhône, mais ils vivent isolés et ne paraissent pas avoir conservé les talents des castors d'Amérique.

13. — L'Écureuil. — Vous connaissez tous, mes enfants, ce joli petit animal que vous avez vu plus d'une fois dans une cage, tournant sa petite roue avec une infatigable agilité. Il est encore plus agréable à voir en liberté, quand l'hiver, dans les forêts dépouillées, il monte ou descend de branche en branche avec la rapidité d'un oiseau. L'écureuil est assez répandu dans les bois du Nord de la France; il vit de graines et

de fruits sauvages, et on dit que sa chair
est fort· délicate.

14. — La Souris. — Voici un de nos
ennemis domestiques; rien n'est à l'abri de
sa dent, il détruit tout ce qui est à sa portée;
mais cette voracité cause sa perte, et c'est
toujours sa gourmandise qui le fait prendre
au piège. Si la souris grise, que vous voyez
tous les jours, est un animal assez laid, elle
offre cependant des variétés plus agréables.
Ainsi, la souris blanche est une jolie petite
bète, qui paraît susceptible d'une certaine
éducation, et que des industriels élèvent
parfois pour la montrer au public.

15. — La Marmotte. — Quand il fait bien
froid et qu'on n'a pas de quoi se chauffer,
ne serait-il pas bien commode de s'endormir
pour tout l'hiver et de se réveiller seulement
quand le soleil et le printemps seraient re-
venus ? La marmotte jouit précisément de
cette faculté précieuse; vers la fin d'octobre
elle se retire dans son terrier, s'y enferme
soigneusement et s'endort pour se réveiller
au mois d'avril, en très bonne santé, quoi-
que amaigrie et affamée. — Cet animal aux
mœurs curieuses est commun dans les pays

de montagnes, surtout en Savoie, et il est bien connu partout, depuis que les petits savoyards viennent nous le montrer dans une boite.

16. — La Belette. — Voyez cette bête longue et mince, à la fourrure fauve, avec le ventre blanc ; souvent vous avez pu la rencontrer à la campagne, traversant rapidement un sentier désert. Eh bien, c'est un des animaux les plus sanguinaires qui existent ; il se glisse la nuit dans les colombiers, les basses-cours, surprend les pigeons ou les poulets endormis, et les égorge. Quand la belette est rassasiée, elle tue pour tuer, et détruit beaucoup plus d'oiseaux qu'il n'en faut pour sa nourriture. C'est le plus grand ennemi des éleveurs de volailles, et malheureusement son agilité, sa petite taille et son adresse lui permettent le plus souvent d'échapper aux pièges qu'on lui tend.

17. — Le Lièvre. — L'avez-vous aperçu galopant dans les champs, l'animal aux longues oreilles ? Ou l'avez-vous vu plus souvent figurer sur votre table sous forme de civet ? Dans les deux cas il fait plaisir à rencontrer, et les chasseurs se plaignent seulement de ce qu'il devient de plus en plus rare.

18. — Le Lapin. — S'il est voisin du lièvre par la forme, le lapin en diffère notablement par le goût; mais ce n'en est pas moins un animal fort utile, et sa prodigieuse fécondité ainsi que la facilité avec laquelle on l'élève, en font une ressource précieuse pour notre alimentation. Rendu à l'état sauvage, le lapin de garenne se rapproche davantage du lièvre et devient un gibier qui n'est pas du tout à dédaigner.

19. — L'Éléphant. — Le premier des animaux par la taille et la force, et peut-être aussi par l'intelligence, l'éléphant est bien connu partout, car il n'est guère de jardin zoologique qui n'en possède un ou deux. Originaire des Indes et de l'Afrique méridionale, il est employé dans ces régions aux travaux domestiques ; chez nous il n'est qu'un objet de curiosité. Ses formes étranges et massives, sa trompe dont la force énorme n'exclut ni la sensibilité ni la délicatesse, ses longues défenses qui nous fournissent la précieuse matière appelée ivoire, tout dans l'éléphant nous rappelle qu'il appartient à d'autres climats et à d'autres types que ceux que nous voyons autour de nous. Cet animal est herbivore et absorbe chaque jour pour sa nourriture une quantité énorme de matières végétales, mais il s'accommode un peu de tout, et vous le voyez au Jardin des Plantes tendre sa trompe pour recevoir un gâteau ou un morceau de pain qui paraît lui être fort agréable.

20. — **L'Hippopotame.** — Beaucoup moins gros que l'éléphant, moins connu et de mœurs farouches, l'hippopotame vit dans les contrés marécageuses de l'Asie ; il se plaît à s'enfoncer dans la vase où il trouve un peu de fraîcheur sous un ciel brûlant. La chasse en est difficile, car l'épaisseur de sa peau le met à l'abri de la balle.

21. — **Le Rhinocéros.** — Appartenant comme l'hippopotame à la famille des pachydermes, qui contient les plus grands animaux connus, le rhinocéros a des mœurs analogues, mais il se distingue de ses congénères par une conformation des plus étranges. Il porte sur le nez une corne assez longue, d'une nature fibreuse et d'une grande solidité. Cet appendice est-il une